BEI GRIN MACHT SICH IHR WISSEN BEZAHLT

- Wir veröffentlichen Ihre Hausarbeit, Bachelor- und Masterarbeit

- Ihr eigenes eBook und Buch - weltweit in allen wichtigen Shops

- Verdienen Sie an jedem Verkauf

Jetzt bei www.GRIN.com hochladen und kostenlos publizieren

Bibliografische Information der Deutschen Nationalbibliothek:

Die Deutsche Bibliothek verzeichnet diese Publikation in der Deutschen Nationalbibliografie; detaillierte bibliografische Daten sind im Internet über http://dnb.d-nb.de/ abrufbar.

Dieses Werk sowie alle darin enthaltenen einzelnen Beiträge und Abbildungen sind urheberrechtlich geschützt. Jede Verwertung, die nicht ausdrücklich vom Urheberrechtsschutz zugelassen ist, bedarf der vorherigen Zustimmung des Verlages. Das gilt insbesondere für Vervielfältigungen, Bearbeitungen, Übersetzungen, Mikroverfilmungen, Auswertungen durch Datenbanken und für die Einspeicherung und Verarbeitung in elektronische Systeme. Alle Rechte, auch die des auszugsweisen Nachdrucks, der fotomechanischen Wiedergabe (einschließlich Mikrokopie) sowie der Auswertung durch Datenbanken oder ähnliche Einrichtungen, vorbehalten.

Impressum:

Copyright © 2017 GRIN Verlag
Druck und Bindung: Books on Demand GmbH, Norderstedt Germany
ISBN: 9783668729698

Dieses Buch bei GRIN:

https://www.grin.com/document/428350

Annika Hynek

Die Zusammenhänge des Strukturalismus und der Hermeneutik in der Erzähltheorie

GRIN Verlag

GRIN - Your knowledge has value

Der GRIN Verlag publiziert seit 1998 wissenschaftliche Arbeiten von Studenten, Hochschullehrern und anderen Akademikern als eBook und gedrucktes Buch. Die Verlagswebsite www.grin.com ist die ideale Plattform zur Veröffentlichung von Hausarbeiten, Abschlussarbeiten, wissenschaftlichen Aufsätzen, Dissertationen und Fachbüchern.

Besuchen Sie uns im Internet:

http://www.grin.com/

http://www.facebook.com/grincom

http://www.twitter.com/grin_com

Universität zu Köln
Institut für deutsche Sprache und Literatur I

Proseminar *Literaturtheorien*

SS 2017

Zusammenhänge des Strukturalismus und der Hermeneutik in der Erzähltheorie

Annika Hynek

2-Fach-Bachelor, Fächerkombination: Germanistik, Medienkulturwissenschaft, 2. Fachsemester

Eingereicht am: 13.09.2017

Inhalt

I.	Einleitung	3
II.	Hermeneutik & Strukturalismus als zusammenhängende Literaturtheorien	4
III.	Die Erzähltheorie nach Gérard Genette	7
IV.	Michael Scheffels Analyse von Franz Kafkas *Das Urteil*	9
	1. Das ‚Wie' in Michael Scheffels Analyse	10
	2. Das ‚Was' in Michael Scheffels Analyse	12
V.	Fazit	14
VI.	Literaturverzeichnis	15

I. Einleitung

Gérard Genettes Erzähltheorie und die von ihm eingeführten Analysekategorien in *Die Erzählung*[1] haben zu großen Forstschritten innerhalb der Narratologie geführt und werden heutzutage weithin als Methode zur Erzähltextanalyse angewendet. Während allgemein bekannt ist, dass der Strukturalismus sich als Abgrenzung zur Hermeneutik weiterentwickelt hat, stellt sich die Frage, inwieweit diese beiden Literaturtheorien Einfluss auf Genette und allgemein auf die Erzähltheorie genommen haben. Matías Martínez und Michael Scheffel haben in ihrer *Einführung in die Erzähltheorie*[2] Genettes Analysekategorien in zwei Teile unterteilt, von denen einer sich mit strukturalistischen Aspekten auseinandersetzt, während der andere Teil auch einen hermeneutischen Anspruch erfüllt. Michael Scheffel geht nach diesem Modell vor, um *Das Urteil* von Franz Kafka zu untersuchen. Seine Analyse wurde in *Kafkas ‚Urteil' und die Literaturtheorie* unter dem Stichwort ‚Strukturalismus' zusammengefasst[3]. Hierbei stellt sich die Frage, ob diese direkte und konkrete Zuweisung seiner Methode überhaupt gerechtfertigt und nicht zu einseitig ist.

Meine These ist, dass die Erzähltheorie Einflüsse des Strukturalismus und der Hermeneutik nicht nur aufnimmt, sondern diese auch konkret miteinander in ein Wechselverhältnis setzt. Michael Scheffels Analyse folgt nicht dem klassischen Strukturalismus, sondern viel mehr der Narratologie nach Genette, wodurch die eindeutige Einordnung des Aufsatzes zum Strukturalismus zu einseitig ist.

Im Folgenden wird zunächst ein Überblick über die Hermeneutik und den Strukturalismus im Allgemeinen und über die Zusammenhänge der beiden Literaturtheorien gegeben. Im Anschluss daran wird die Erzähltheorie und die Methode von Gérard Genette unter Berücksichtigung der Ursprungsfrage erläutert. Darauf aufbauend wird Michael Scheffels Analyse von *Das Urteil* auf strukturalistische und hermeneutische Aspekte untersucht, um festzustellen, ob sich die aufgestellten Thesen bewahrheiten.

---

[1] Gérard Genette: Die Erzählung. 2. Auflage. München 1998.
[2] Matías Martínez/Micheal Scheffel: Einführung in die Erzähltheorie. 10., überarbeitete und aktualisierte Auflage. München 2016.
[3] Michael Scheffel: *Das Urteil* – eine Erzählung ohne „geraden, zusammenhängenden, verfolgbaren Sinn"?. In: Oliver Jahraus/Stefan Neuhaus (Hg.): Kafkas „Urteil" und die Literaturtheorie. Zehn Modellanalysen. Stuttgart 2002, S. 59-76.

II. Hermeneutik & Strukturalismus als zusammenhängende Literaturtheorien

Die grundsätzliche Annahme über die Hermeneutik ist, dass sie der Interpretation und Auslegung von Texten dient, um diese „dem Leser besser verständlich zu machen"[4]. Interpretation wirkt dabei zunächst wie ein sehr alltäglicher Begriff, der in allen möglichen Bereichen, wie zum Beispiel in der Religion, im Schauspiel, in den Rechtswissenschaften oder in der Musik Anwendung findet.[5] Die Ursprünge der Hermeneutik liegen in der griechischen Antike und im religiösen Bereich, erst im 18. Jahrhundert führte die Säkularisierung dazu, dass zunehmend poetische und literarische Texte interpretiert wurden und die Hermeneutik nicht mehr nur Anwendung in der Bibelauslegung fand[6]. Grundsätzlich ist das Ziel der Interpretationsarbeit jedoch damals wie heute dasselbe: Die Distanz zwischen Text und Leser soll überwunden werden[7], um das urmenschliche Bedürfnis nach Sinnfindung zu befriedigen. Dies führt allerdings zu dem Problem, dass die Auslegung von Texten immer zu einem gewissen Grad subjektiv bleibt. Es gibt keine Musterlösung und auch kein vollständig ‚richtig' oder ‚falsch' in der Hermeneutik, da ein Text mehrere Bedeutungen haben kann.[8] Wenn die Hermeneutik eine „Vermittlungsinstanz zwischen Literatur und Gesellschaft"[9] darstellt, ist es zwangsweise notwendig, über den Text hinauszudenken und beispielsweise historische Diskurse miteinzubeziehen, um im Rahmen der Interpretationen Kontextbildung zu betreiben. Als Methode für diese Kontextualisierung bringt Friedrich Schleiermacher den ‚hermeneutischen Zirkel' ins Spiel, der das Vorgehen beschreibt, einzelne Beobachtungen der Interpretation in den Gesamtkontext zu stellen und umgekehrt.[10] „Schleiermacher und Dilthey machten das hermeneutische Problem zu einem philosophischen."[11], erklärt Paul Ricoeur und verdeutlicht, dass nicht allein der literarische Aspekt von Bedeutung für die Interpretation von Texten ist. Weiterhin wird „das hermeneutische

---

[4] Rolf Selbmann: Kafka als Hermeneutiker. *Das Urteil* im Zirkel der Interpretation. In: Oliver Jahraus/Stefan Neuhaus (Hg.): Kafkas „Urteil" und die Literaturtheorie. Zehn Modellanalysen. Stuttgart 2002, S. 36.
[5] Vgl. Lawrence K. Schmidt: understanding Hermeneutics. Stocksfield 2006, S. 1.
[6] Vgl. Achim Geisenhanslücke: Einführung in die Literaturtheorie. Von der Hermeneutik zur Medienwissenschaft. 4. Auflage. Darmstadt 2007, S. 42.
[7] Paul Ricoeur: Hermeneutik und Strukturalismus. Der Konflikt der Interpretationen I. München 1973, S. 12.
[8] Vgl. Ebd.
[9] Achim Geisenhanslücke: Einführung in die Literaturtheorie, S. 43.
[10] Vgl. Friedrich Schleiermacher: Über den Begriff der Hermeneutik. Mit Bezug auf F. A. Wolfs Andeutungen und Asts Lehrbuch. In: Gottfried Boehm/Hans-Georg Gadamer (Hg.): Seminar: Philosophische Hermeneutik. Frankfurt am Main 1976, S. 149-151
[11] Paul Ricoeur: Hermeneutik und Strukturalismus, S. 13.

Problem [...]zu einem psychologischen"[12] und darüber hinaus „bringt das historische Verstehen das Paradox der Geschichtlichkeit ins Spiel"[13]. Der Vorgang des ‚über den Text Hinausgehens' im Zusammenhang mit der Auslegung des Inhalts stellt einen der zentralen Unterschiede zum klassischen Strukturalismus dar. Die Annahme, dass zwar der Autor eines Textes den Sinn herstelle, aber erst der Text ihn enthalte, sei letztendlich der Anknüpfungspunkt für die poststrukturalistische Kritik an der Hermeneutik.[14] Die hermeneutische Vorgehensweise stellt gewissermaßen ein Einfühlen in den Text dar, um diesen letztendlich interpretieren zu können.

> Strukturalistische Schulen der Textanalyse haben [...] [dies] zum Anlass genommen, den Vertretern hermeneutischer Positionen zirkuläre Argumentation, Vernachlässigung analytischer Techniken zugunsten unkontrollierter Einfühlung und einen hybriden Kult interpretatorischer (Kon-)Genialität vorzuwerfen.[15]

Aus dieser Kritik heraus grenzt sich der Strukturalismus von der Hermeneutik ab.

Grundsätzlich liegt der Ursprung des Strukturalismus in der Linguistik[16], in deren Zusammenhang Ferdinand de Saussure eine große Rolle spielt. Saussure hat sich mit der Zeichenhaftigkeit von Sprache beschäftigt und den Diskurs über Bezeichnetes und Bezeichnendes[17] ins Spiel gebracht. Auf Saussures Ansicht darüber, „dass die Sprache ein geschlossenes, festes System bildet"[18] antwortet Terry Eagleton mit der Gegenposition, dass ein endloser Prozess zwischen Signifikant und Signifikat stattfinde[19] und es daher „keine harmonischen eins-zu-eins-Entsprechungen zwischen der Ebene der Signifikanten und der der Signifikate in einer Sprache"[20] gebe. Hier klingt an, dass die Vorstellung von einem geschlossenen System der sprachlichen Zeichen zu einfach gedacht ist und eine komplexere Betrachtungsweise verlangt wird.

Bezogen auf die reine Untersuchung von Sprachstrukturen und Grammatik im beispielsweise schulischen Umfeld lässt sich zudem erkennen, dass „die Grammatik dem Kind ein Gefühl von Rationalität [vermittelt], für die ihm die literarischen

---

[12] Paul Ricoeur: Hermeneutik und Strukturalismus, S. 13.
[13] Ebd.
[14] Vgl. Rolf Selbmann: Kafka als Hermeneutiker, S. 38.
[15] Norbert Altenhofer: Der erschütterte Sinn. Hermeneutische Überlegungen zu Kleists ‚Das Erdbeben in Chili'. In: David E. Wellbery (Hg.): Positionen der Literaturwissenschaft. Acht Modellanalysen am Beispiel von Kleists „Das Erdbeben in Chili". 2. Auflage. München 1987, S. 39.
[16] Vgl. Gilles Deleuze: Woran erkennt man den Strukturalismus?. Paris, 1973, S. 8.
[17] Vgl. Ferdinand de Saussure: Grundfragen der allgemeinen Sprachwissenschaft. 2. Auflage. Berlin 1967, S. 79.
[18] Terry Eagleton: Einführung in die Literaturtheorie. 2. Auflage. Stuttgart 1992, S. 110.
[19] Vgl. Ebd.
[20] Ebd., S. 111.

Studien kaum ein Äquivalent bieten."[21] Nachdem sich der Strukturalismus zunächst also auf die Sprachwissenschaft, Linguistik und Semiotik bezogen hat, übertrugen die russischen Formalisten ihn schließlich auch in die Literaturwissenschaft[22]. Die Formalisten „lenkten [...] die Aufmerksamkeit auf die materielle Seite des literarischen Textes"[23] und schlossen damit eine hermeneutische Herangehensweise und weiterführende Bedeutungen, die innerhalb eines Textes laut der bisherigen Literaturwissenschaft zu finden sind, vollkommen aus. Mit diesem Fokus auf die Struktur der Sprache „übergingen die Formalisten die Analyse des literarischen ‚Inhalts' [...] zugunsten des Studiums der literarischen Form"[24]. Dadurch stellt diese Methode eine sehr einseitige Form des Strukturalismus dar, von der sich die Narratologie letztendlich abgrenzt, indem sie das Wechselspiel zwischen Form und Inhalt untersucht. Das geschah jedoch auch schon im Zuge des Strukturalismus selbst, als man versuchte „Ausdrucks- und Inhaltsformen als gleichberechtigte Komponenten der Textstruktur zu betrachten"[25]. Positiven Anklang fand diese Herangehensweise jedoch erst im Zuge der Erzähltheorie.

In der strukturalen Poetik kristallisiert Tzvetan Todorov zwei Haltungen heraus: Zum einen diejenige, in der ein literarischer Text als letztes Ziel angesehen wird, was er zusammengefasst ‚Beschreibung' nennt und zum anderen diejenige, in der „jedes besondere Werk als die Manifestation von ‚etwas anderem' betrachtet"[26] wird. In der ersten Haltung ginge es letztendlich darum „ein Abbild des Objekt-Werks zu schaffen; die Beschreibung ist sowohl eine Zusammenfassung wie eine Erklärung"[27], während die zweite Haltung, ähnlich wie die Hermeneutik, über den eigentlichen Text hinausgehen will, um zu neuen Erkenntnissen zu gelangen:

> Hier ist nicht das literarische Werk selbst Gegenstand der strukturalen Aktivität: was diese erfragt, sind die Eigentümlichkeiten dieser besonderen, nämlich der literarischen Rede. Jedes Werk wird also nur als die Manifestation einer weit allgemeineren abstrakten Struktur betrachtet, von der sie nur eine mögliche Verwirklichung ist. Insofern befaßt sich diese Wissenschaft nicht mehr mit der wirklichen Literatur, sondern mit der möglichen, mit anderen

---

[21] Oswald Ducrot: Der Strukturalismus in der Linguistik. In: François Wahl (Hg.): Einführung in den Strukturalismus. Mit Beiträgen von O. Ducroit, T. Todorov, D. Sperber, M. Safouan und F. Wahl. Frankfurt am Main 1973, S. 14 f.
[22] Vgl. Jörn Albrecht: Europäischer Strukturalismus. 2. Auflage. Tübingen 2000, S. 206.
[23] Terry Eagleton: Einführung in die Literaturtheorie, S. 3.
[24] Ebd.
[25] Jörn Albrecht: Europäischer Strukturalismus, S. 211.
[26] Tzvetan Todorov: Poetik. In: François Wahl (Hg.): Einführung in den Strukturalismus. Mit Beiträgen von O. Ducroit, T. Todorov, D. Sperber, M. Safouan und F. Wahl. Frankfurt am Main 1973, S. 105.
[27] Ebd., S. 107.

Worten: mit der abstrakten Eigenschaft, welche die Eigentümlichkeit des literarischen Faktums ausmacht, der ‚Literalität'.[28]

Die Grundidee dieser beiden Haltungen, insbesondere die der zweiten, lassen sich in Gérard Genettes Erzähltheorie wiederfinden, wodurch einerseits der strukturalistische Anspruch hervorgehoben wird, andererseits jedoch auch eine hermeneutische Komponente erkennbar wird. Auch Gilles Deleuzes Annahme, dass das Reale und das Imaginäre immer auf sekundäre Weise durch das Funktionieren der Struktur hervorgebracht seien, was damit beginnen würde, dass sie ihre primären Wirkungen in sich selbst habe[29], ist bei Genette vertreten.

Die Tatsache, dass sich der Strukturalismus teilweise aus einer Kritik zur Hermeneutik weiterentwickelt hat, stellt letztendlich keine absolute Gegensätzlichkeit der beiden Theorien dar. Ein Wechselspiel der beiden Theorien ist durchaus erkennbar und vor allem für die Erzähltheorie auch notwendig, worauf die folgenden Kapitel näher eingehen werden.

III. Die Erzähltheorie nach Gérard Genette

Gérard Genette hat mit *Die Erzählung*[30] einen wichtigen Beitrag zur Erzähltheorie geleistet und in seiner Monographie eine Analysemethode im Rahmen der Narratologie entwickelt. Zunächst definiert er den Begriff ‚Erzählung', der laut Genette auf drei unterschiedliche Arten verstanden werden kann: 1. „*Erzählung* [bezeichnet] die narrative Aussage, den mündlichen oder schriftlichen Diskurs (discours), der von einem Ereignis oder einer Reihe von Ereignisse berichtet"[31], 2. „*Erzählung* [bezeichnet] die Abfolge der realen oder fiktiven Ereignisse, die den Gegenstand dieser Rede ausmachen und ihre unterschiedlichen Beziehungen zueinander"[32] und 3. „*Erzählung* [bezeichnet] […] den Akt der Narration selber."[33]. Das Wechselspiel dieser drei Auffassungen mit dem narrativen Diskurs, gilt es im Rahmen seiner Analysemethode näher zu betrachten.[34]

Der Autor führt weiterhin an, dass es in der Narratologie zwei wesentliche zu untersuchende Aspekte gibt: Zum einen die Analyse des Inhalts und zum anderen

---

[28] Tzvetan Todorov: Poetik, S. 108.
[29] Vgl. Gilles Deleuze: Woran erkennt man den Strukturalismus?, S. 57.
[30] Gérard Genette: Die Erzählung.
[31] Ebd., S. 15.
[32] Ebd.
[33] Ebd.
[34] Vgl. Ebd.

die Analyse der Darstellung bzw. der Form einer Erzählung[35]. Dabei fällt auf, dass ersteres sich teilweise im Feld der Hermeneutik bewegt, während letzteres eher einen strukturalistisch geprägten Anspruch erfüllt. Laut Genette „gibt es gar keine ‚narrativen Inhalte'"[36], sondern nur eine narrative Darstellung der Verknüpfung von Ereignissen innerhalb einer Erzählung, weshalb er den Gebrauch dieses Begriffs nur auf den ‚Repräsentationsmodus' selbst bezieht[37]. Mit der Aussage, dass es „also ganz allein die Erzählung [ist], die uns hier zum einen über die Ereignisse informiert, von denen sie berichtet, und zum anderen über die Tätigkeit, der sie sich verdanken soll"[38] und seiner Betonung darauf, dass die Fiktionalität einer Erzählung, historische oder biographische Untersuchungen für die Narratologie unnötig werden lässt[39], grenzt sich Genette jedoch auch im gewissen Rahmen von der Hermeneutik ab.

Eine grundsätzliche Unterscheidung führt er außerdem für die Begriffe ‚Geschichte' (die sich auf das erzählte Geschehen in seiner Gänze bezieht), ‚Narration' (den eigentlichen Akt des Erzählens) und ‚Erzählung' (womit der Diskurs des Endprodukts ohne an ein bestimmtes Medium wie Stimme oder Buch gebunden zu sein, gemeint ist) an.[40] Seine Analysemethode sieht vor, den narrativen Akt, die Aussage und den Inhalt einer Erzählung in Bezug zueinander zu stellen, was von besonderer Wichtigkeit ist, da die vorherige Erzähltheorie den Akt bzw. Aussagevorgang bislang vernachlässigt habe[41]. Seine Methode teilt er in die Oberkategorien Zeit, Modus und Stimme ein, wobei die Kategorie Stimme den zuvor gesetzten Anspruch erfüllt, den narrativen Akt zu untersuchen und Zeit und Modus das Wechselspiel zwischen Geschichte und Erzählung analysieren[42]. Diesen drei Aspekten teilt er weitere Analysekategorien zu, die vor allem bei der Kategorie Zeit sehr zahlreich und ausführlich dargestellt werden. In einem zweiten Teil, den Genette als *Neuer Diskurs der Erzählung* betitelt, geht er zusätzlich vermehrt auf ‚modale' Kategorien wie den inneren Monolog oder die erlebte Rede[43] ein.

---

[35] Vgl. Gérard Genette: Die Erzählung, S. 200 f.
[36] Ebd., S. 201
[37] Vgl. Ebd.
[38] Ebd., S. 17
[39] Vgl. Ebd.
[40] Vgl. Ebd., S. 199.
[41] Vgl. Ebd., S. 16.
[42] Vgl. Ebd., S. 19 f.
[43] Ebd., S. 198.

Diese von Gérard Genette festgelegten und unterteilten Analysekategorien verwenden Matías Martínez und Michael Scheffel in ihrer *Einführung in die Erzähltheorie*[44]. Dies ist in dieser Arbeit deshalb von Relevanz, da Michael Scheffel diese an Genette angelehnte Methode in seiner Untersuchung von Kafkas *Das Urteil* anwendet. Sie teilen die bereits unterteilten Analysekategorien in 2 Oberkategorien ein: Zum einen in das ‚Wie', dass sich auf die Darstellung konzentriert und Zeit, Modus und Stimme beinhaltet und zum anderen in das ‚Was', was sich mit der Handlung, Diegese, Figur und dem Raum befasst. Somit haben Martínez und Scheffel ihre Vorgehensweise stärker in ein formalistisches/strukturalistisches und in ein inhaltliches/hermeneutisches Analyseverfahren unterteilt. Wie dies in der Praxis funktioniert und inwieweit tatsächlich sowohl strukturalistische als auch hermeneutische Ansprüche bei dieser Methode erfüllt werden, wird im folgenden Kapitel am Beispiel von Micheal Scheffels Analyse von *Das Urteil* untersucht.

IV. Michael Scheffels Analyse von Franz Kafkas *Das Urteil*

In seinem Aufsatz *Das Urteil – Eine Erzählung ohne ‚geraden, zusammenhängenden, verfolgbaren Sinn'?*[45] vollzieht Michael Scheffel eine Analyse von Franz Kafkas Erzählung. Dieser Aufsatz wird in *Kafkas ‚Urteil' und die Literaturtheorie* unter das Stichwort ‚Strukturalismus' gesetzt und damit einer einzigen Literaturtheorie zugeordnet. Ob diese klare Zuordnung zu einseitig ist und Scheffels von der Narratologie geprägte Analyse auch einen hermeneutischen Bezug hat, soll im Folgenden erörtert werden.

Seine Methode bezieht sich auf die Analysekategorien, die Gérard Genette im Rahmen seiner Erzähltheorie aufführt[46]. Obwohl Scheffel betont, dass er sich vorwiegend für den formalen Aufbau der Erzählung interessiere, geht er in seiner Analyse über die Grenzen des klassischen Strukturalismus hinaus und bezieht auch anderweitig interpretatorische Faktoren mit ein, die den Inhalt der Erzählung beleuchten[47]. Auf diese Weise grenzt er sich deutlich vom russischen Formalismus ab. Er

---

[44] Matías Martínez/Micheal Scheffel: Einführung in die Erzähltheorie.
[45] Micheal Scheffel: *Das Urteil* – eine Erzählung ohne „geraden, zusammenhängenden, verfolgbaren Sinn"?.
[46] Vgl. Gérard Genette: Die Erzählung.
[47] Vgl. Michael Scheffel: *Das Urteil* – eine Erzählung ohne „geraden, zusammenhängenden, verfolgbaren Sinn"?, S. 60.

verdeutlicht jedoch, dass er „sowohl den biographischen als auch den literatur-, kultur- und sozialgeschichtlichen Kontext der Erzählung"[48] bewusst ausklammert, womit er im gewissen Rahmen auch eine Ausklammerung der Hermeneutik andeutet. Die Analyse gliedert sich in zwei Teile, die einerseits die Art der Darstellung, was Scheffel als ‚Wie' bezeichnet und andererseits die Handlung und die Diegese, was er als ‚Was' betitelt, untersuchen. Dieses Modell haben Matías Martínez und Michael Scheffel in ihrer *Einführung in die Erzähltheorie*[49] konstruiert. Es fällt auf, dass der Teil des ‚Wies' überwiegend strukturalistische Ansprüche erfüllt und einer Formanalyse gleichkommt. Genauer gesagt folgt Scheffel nach eigener Aussage dem ‚low structuralism'[50], in dem er den von ihm verwendeten Analysekategorien einen rein operativen Wert beimisst und, im Sinne der Narratologie, Aspekte, die über die Form hinausgehen, miteinbezieht[51]. Dieser Anspruch wird im Kapitel über das ‚Was' erfüllt, da hier Kategorien von Bedeutung sind, die sich überwiegend auf den Inhalt beziehen und somit der Methode der Hermeneutik zugeordnet werden können. Inwieweit strukturalistische und hermeneutische Aspekte in den beiden Teilen seiner Analyse eine Rolle spielen und sich gegenseitig bedingen, wird in den folgenden Kapiteln näher untersucht.

1. Das ‚Wie' in Micheal Scheffels Analyse

In dem Kapitel *Das ‚Wie': Darstellung* befasst sich Michael Scheffel zu einem großen Teil mit der narrativen Instanz bzw. der Stimme in *Das Urteil*. Sein Hauptinteresse gilt dabei der Stellung des Erzählers zu der erzählten Handlung[52] und inwieweit sich derjenige, der innerhalb der Erzählung sieht und derjenige, der spricht voneinander abgrenzen und sich in der Funktion als aktiver Erzähler abwechseln. Diese beiden von Scheffel differenzierten Erzähler operieren in der 3. Person, einerseits als heterodiegetischer Erzähler und andererseits mit einer internen Fokalisierung auf die Figur Georg. Durch den ‚perspektivischen' Wechsel der Erzählinstanzen erkennt Scheffel eine Gliederung im formalen Aufbau von *Das Urteil*,

---

[48] Michael Scheffel: *Das Urteil* – eine Erzählung ohne „geraden, zusammenhängenden, verfolgbaren Sinn"?, S. 60.
[49] Matías Martínez/Micheal Scheffel: Einführung in die Erzähltheorie.
[50] Vgl. Robert Scholes: Structuralism in Literature. An Introduction. New Haven/London 1974, S. 157 f.
[51] Vgl. Michael Scheffel: *Das Urteil* – eine Erzählung ohne „geraden, zusammenhängenden, verfolgbaren Sinn"?, S. 60.
[52] Vgl. Matías Martínez/Micheal Scheffel: Einführung in die Erzähltheorie, S. 85-89.

wodurch sich Erkenntnisse über die Struktur und Form der Erzählung gewinnen lassen. Ein weiterer Aspekt, den Scheffel untersucht ist der Vorgang des Erzählens, wobei er wiederum den Standpunkt desjenigen, der wahrnimmt und den des Objekts, über welches die Aussagen gemacht werden, unterscheidet. Es lassen sich Formen des Bewusstseinsberichts sowie Gedankenzitate, direkte und erlebte Rede erkennen. Scheffel analysiert den Grad der Mittelbarkeit und Distanz innerhalb der verschiedenen Erzählweisen und auch welchen Raum diese im gesamten Text einnehmen. Weitere von Scheffel analysierte Aspekte in diesem Kapitel sind der Grad des Illusionismus, die Erfüllung der Ansprüche an die objektive Darstellung sowie bestimmte Signalwörter und Formeln und deren Wirkungen.

Die Analysekategorien dieses Kapitels sind also vorwiegend an den Strukturalismus gebunden. Die Erkenntnisse über bestimmte Wörter und Formulierungen liefern auf den ersten Blick nur formale Erkenntnisse. Beispielsweise stellt die Eingangsformel ‚Es war' Bezüge zur mündlichen Erzähltradition und darüber hinaus zur Bibel und zu Märchen her, während der Untertitel *Eine Geschichte* zusätzlich verdeutlicht, dass die folgende Erzählung frei erfunden ist[53]. Gleichzeitig lassen sich bestimmte Erkenntnisse, die Scheffel über die Wortwahl gewinnt auch inhaltlich begründen. Seine These, dass „nur aus Georgs Sicht auf den Freund […] von einem ‚seit den Kinderjahren wohlbekannte[n] Gesicht' die Rede sein"[54] kann, geht über die rein formale Betrachtung der Textpassage hinaus und lässt eine inhaltliche Argumentation erkennen. Scheffels Aussage darüber, dass der „Schein […] erweckt [wird], als ob das Geschehene nicht erfunden wäre"[55] wird nicht weiter begründet, wodurch sich hier ebenfalls die Frage stellt, ob diese Beobachtung aus einer inhaltlichen oder formalen Analyse hervorgeht. Eine weitere von Scheffel formulierte These ist, dass „Subjekt, Zeit, Ort und Adressat des Erzählens unbestimmt"[56] bleiben. Diese Aussage kann nicht allein durch die formale Betrachtung der Tatsache, dass beispielsweise bestimmte Signalwörter, die auf die fehlenden Aspekte hinweisen würden, nicht vorhanden sind begründet werden, sondern setzt auch eine inhaltliche Interpretation voraus. Auch die Untersuchung, wie objektiv vom Standpunkt des Wahrnehmenden und des Aussageobjekts erzählt wird lässt sich nicht

---

[53] Vgl. Michael Scheffel: *Das Urteil* – eine Erzählung ohne „geraden, zusammenhängenden, verfolgbaren Sinn"?, S. 61 f.
[54] Ebd., S. 65.
[55] Ebd., S. 62.
[56] Ebd.

durch die formale Betrachtung untersuchen und verlangt bei genauerer Betrachtung ebenfalls nach einer inhaltlichen Interpretation.

Scheffels Analyse des ‚Wie' ist also letztendlich überwiegend strukturalistisch geprägt und gleicht einer Formanalyse, es zeigen sich jedoch schon hier im Ansatz Aspekte, die nicht ohne eine hermeneutische Betrachtung und Interpretation auskommen und von der Analyse der Form eingeleitet werden. Solche Aspekte werden im folgenden Kapitel von Scheffels Analyse verstärkt behandelt, wodurch der hermeneutische Anspruch deutlicher hervortritt und nicht nur die Form, sondern auch die Bedeutung untersucht wird.

2. Das ‚Was' in Michael Scheffels Analyse

Das Kapitel *Das ‚Was': Handlung und erzählte Welt* verrät schon mit seinem Titel, dass die folgende Analyse über eine rein strukturalistische Betrachtung der Erzählung hinausgeht. Michael Scheffel nutzt die Erkenntnisse, die er über die vorwiegend formale Analyse des ‚Was' gewonnen hat, um inhaltliche Interpretationen auszuführen, wodurch sein Aufsatz in diesem zweiten Teil einen stark hermeneutischen Einschlag bekommt.

Zu Beginn des Kapitels stellt Scheffel fest, dass der Untertitel *Eine Geschichte* die Erzählung in eine relativ offene Kategorie einordnet, die keinem formal oder inhaltlich festgelegten Schemata folgen muss[57]. Nach einer grundsätzlichen Unterscheidung zwischen ‚Geschichte' und ‚Geschehen' stellt er den Kausalzusammenhang als wichtiges Merkmal für eine ‚Geschichte' heraus, da dieser wichtig sei, um den Anfang, die Mitte und das Ende einer Erzählung zu einem Ganzen zu verknüpfen[58]. Um diesen Kausalzusammenhang untersuchen zu können, stellt Scheffel den chronologischen Ablauf der Erzählung in sieben Punkten dar. Er geht dabei nur auf den Inhalt ein und lässt die Struktur und Form vollkommen außen vor. Dies macht vor allem seine Formulierung der Vorgehensweise deutlich, indem er schreibt, er wolle „das dargestellte Geschehen in eine Reihe von größeren thematischen Einheiten untergliedern". Das Ergebnis dieser Zusammenfassung der dargestellten Ereignisse ist eine Interpretation, die sich ebenfalls nur auf den Inhalt bezieht. Zudem

---

[57] Vgl. Michael Scheffel: *Das Urteil* – eine Erzählung ohne „geraden, zusammenhängenden, verfolgbaren Sinn"?, S. 69.
[58] Vgl. Ebd., S. 70.

stellt Scheffel im Anschluss mehrere inhaltliche Fragen, die er nur teilweise beantwortet, in deren Zusammenhang er jedoch auch wieder Bezug zur Form des Dargestellten nimmt. Es wird erkennbar, dass über die Formanalyse inhaltliche Interpretationsmöglichkeiten und Argumente entstehen. Besonders deutlich wird das in einer Deutung von Scheffel, die er wie folgt formuliert:

> Für Georg – so lässt sich der umfangreichen Darstellung seines Denkens im ersten Teil der Erzählung entnehmen – hat dieser Brief eine besondere Bedeutung, weil er sich hier ausdrücklich zu einem erfolgreichen bürgerlichen Leben in der Nachfolge seines Vaters bekennt und erstmals eine innere Distanz zum Lebensweg seines Jugendfreundes formuliert.[59]

Auch die zuvor erkannte Tatsache, dass über weite Strecken der Erzählung eine interne Fokalisierung auf der Figur Georg vorliegt, verleitet Scheffel zu dem inhaltlichen Argument, dass der Leser auf diese Weise nur begrenzte Informationen erhält und die Intentionen und das Handeln des Vaters nicht vollständig nachvollziehen kann[60]. Allgemein bezieht sich Scheffel bei dem Versuch, einen Kausalzusammenhang zu erkennen, immer wieder auf die verschiedenen, von ihm differenzierten Erzählerperspektiven. Die Kausalität selber begründet er letztendlich jedoch überwiegend inhaltlich und führt keine weiteren formalen Aspekte, als die der Erzählerperspektiven an[61]. Der von Scheffel ausgearbeitete Kausalzusammenhang wirft weitere Fragen zu den Intentionen der Figuren auf, auf die Scheffel keine klare Antworten findet. Seine Erkenntnis darüber, dass einige Fragen offenbleiben und es Textstellen gibt, die nicht eindeutig nachvollziehbar zu interpretieren sind, begründet er nicht nur inhaltlich, sondern auch über die Analyse der Form:

> Auf diese Fragen gibt es nicht nur deshalb keine zuverlässige Antwort, weil die widersprüchlichen Reden und das merkwürdige Verhalten des Vaters unkommentiert bleiben und der Rede des Erzählers auch sonst keinerlei Norm zu entnehmen ist, mit deren Hilfe sich sowohl der Wahrheitswert der Aussagen als auch das Verhalten der Figuren beurteilen ließe.[62]

Nach der Aussage Scheffels bedingt die Analyse der Form in diesem Fall die Interpretation bzw. die nicht vollständig mögliche Interpretation des Inhalts. In diesem Argument wird die Verschmelzung von Struktur und Inhalt, die Scheffel für seine Analyse und Interpretation von Kafkas *Das Urteil* hervorruft besonders stark deutlich. Scheffels Beobachtung lässt sich außerdem als eine strukturalistisch erweiterte Begründung von Rolf Selbmanns Aussage darüber, dass die Hermeneutik auch auf

---

[59] Michael Scheffel: *Das Urteil* – eine Erzählung ohne „geraden, zusammenhängenden, verfolgbaren Sinn"?, S. 74-75.
[60] Vgl. Ebd., S. 76.
[61] Vgl. Ebd., S. 73.
[62] Ebd., S. 75-76.

Bruchstellen und auf gescheiterte Interpretationsbemühungen hinweise[63], ausweiten.

Das Kapitel *Das ‚Was': Handlung und erzählte Welt* ist also stark hermeneutisch geprägt und setzt den Inhalt mehr in den Vordergrund als die Form. Auf diese Weise grenzt sich Michael Scheffel noch sehr viel stärker von dem klassischen Strukturalismus ab, als er selbst es in der Einleitung seiner Analyse formuliert. Das Stichwort ‚Strukturalismus', unter dem sein Aufsatz in dem Buch zu finden ist, scheint daher ebenfalls zu einseitig, da die narrative Herangehensweise des Autors weit mehr als den Strukturalismus umfasst, was vor allem das zweite Kapitel gezeigt hat.

V. Fazit

Zusammenfassend lässt sich erkennen, dass der Strukturalismus starken Einfluss auf Gérard Genettes Erzähltheorie genommen hat. Viele der Analysekategorien entsprechen den strukturalistischen Grundsätzen, allerdings wird auch ein großer Teil der analytischen Vorgehensweise dem Inhalt gewidmet, wodurch ein hermeneutischer Ansatz erkennbar wird. Gleichzeitig zeigt Scheffels Analyse von *Das Urteil*, dass über die formalen und strukturalistischen Argumente, inhaltliche Erkenntnisse entstehen, die sich hermeneutisch interpretieren lassen, was Scheffel auch tut. Die Zuordnung seiner Analyse zum Strukturalismus ist somit nur teilweise berechtigt, da er überwiegend dem Analysemodell von Genette folgt, wodurch das Format seiner Methode der Narratologie zugeordnet werden kann. Wie sich gezeigt hat, erfüllt diese mehr als nur einen strukturalistischen Anspruch, indem sie (zumindest in Scheffels Analyse deutlich erkennbar) Form und Inhalt zu beinahe gleichen Teilen beleuchtet und die gewonnen Erkenntnisse interpretiert und somit hermeneutisch ausgelegt werden. Die Grenzen der Zuweisung von Theorien sind also gerade in diesem Fall fließend und sollten nicht zu leichtfertig gesetzt werden.

---

[63] Vgl. Rolf Selbmann: Kafka als Hermeneutiker, S. 40.

VI. Literaturverzeichnis

Quellen:

Scheffel, Michael: Das Urteil – eine Erzählung ohne „geraden, zusammenhängenden, verfolgbaren Sinn"?. In: Oliver Jahraus/Stefan Neuhaus (Hg.): Kafkas „Urteil" und die Literaturtheorie. Zehn Modellanalysen. Stuttgart 2002, S. 59-76.

Darstellungen:

Albrecht, Jörn: Europäischer Strukturalismus. 2. Auflage. Tübingen 2000.

Altenhofer, Norbert: Der erschütterte Sinn. Hermeneutische Überlegungen zu Kleists ‚Das Erdbeben in Chili'. In: David E. Wellbery (Hg.): Positionen der Literaturwissenschaft. Acht Modellanalysen am Beispiel von Kleists „Das Erdbeben in Chili". 2. Auflage. München 1987, S. 39-53.

Deleuze, Gilles: Woran erkennt man den Strukturalismus?. Paris, 1973.

Ducrot, Oswald: Der Strukturalismus in der Linguistik. In: François Wahl (Hg.): Einführung in den Strukturalismus. Mit Beiträgen von O. Ducroit, T. Todorov, D. Sperber, M. Safouan und F. Wahl. Frankfurt am Main 1973, S. 13-103.

Eagleton, Terry: Einführung in die Literaturtheorie. 2. Auflage. Stuttgart 1992.

Genette, Gérard: Die Erzählung. 2. Auflage. München 1998.

Martínez, Matías / Scheffel, Micheal: Einführung in die Erzähltheorie. 10., überarbeitete und aktualisierte Auflage. München 2016.

Ricoeur, Paul: Hermeneutik und Strukturalismus. Der Konflikt der Interpretationen I. München 1973.

Saussure, Ferdinand de: Grundfragen der allgemeinen Sprachwissenschaft. 2. Auflage. Berlin 1967.

Scheffel, Michael: Das Urteil – eine Erzählung ohne „geraden, zusammenhängenden, verfolgbaren Sinn"?. In: Oliver Jahraus/Stefan Neuhaus (Hg.): Kafkas „Urteil" und die Literaturtheorie. Zehn Modellanalysen. Stuttgart 2002, S. 59-76.

Schleiermacher, Friedrich: Über den Begriff der Hermeneutik. Mit Bezug auf F. A. Wolfs Andeutungen und Asts Lehrbuch. In: Gottfried Boehm/Hans-Georg Gadamer (Hg.): Seminar: Philosophische Hermeneutik. Frankfurt am Main 1976.

Schmidt, Lawrence K.: understanding Hermeneutics. Stocksfield 2006.

Scholes, Robert: Structuralism in Literature. An Introduction. New Haven/London 1974.

Selbmann, Rolf: Kafka als Hermeneutiker. Das Urteil im Zirkel der Interpretation. In: Oliver Jahr-aus/Stefan Neuhaus (Hg.): Kafkas „Urteil" und die Literaturtheorie. Zehn Modellanalysen. Stuttgart 2002, S. 36-57.

Todorov, Tzvetan: Poetik. In: François Wahl (Hg.): Einführung in den Strukturalismus. Mit Beiträgen von O. Ducroit, T. Todorov, D. Sperber, M. Safouan und F. Wahl. Frankfurt am Main 1973, S. 105-178.

BEI GRIN MACHT SICH IHR WISSEN BEZAHLT

- Wir veröffentlichen Ihre Hausarbeit, Bachelor- und Masterarbeit

- Ihr eigenes eBook und Buch - weltweit in allen wichtigen Shops

- Verdienen Sie an jedem Verkauf

Jetzt bei www.GRIN.com hochladen und kostenlos publizieren